UNA RAZA

UNA RESPUESTA BÍBLICA AL RACISMO, LA DIGNIDAD HUMANA Y EL MARXISMO CULTURAL

STEVEN R. MARTINS

Sobre el Instituto Cántaro
Heredar, informar, inspirar

El Cántaro Institute es una organización evangélica reformada comprometida con el avance de la cosmovisión cristiana para la reforma y renovación de la iglesia y la cultura.

Creemos que a medida que la iglesia cristiana vuelva a la fuente de las Escrituras como su autoridad última para todo conocimiento y vida y aplique sabiamente la verdad de Dios a todos los aspectos de la vida y fiel en espíritu a los reformadores, su actividad misionera tendrá como resultado no sólo la renovación de la persona humana sino también la reforma de la cultura: un resultado inevitable cuando se da a conocer y se aplica el verdadero alcance y la naturaleza del evangelio.

Una raza

Copyright © Monte Alto Editorial, 2023

A menos que se indique lo contrario, las citas de las Escrituras son de la Biblia RVR1960 (Versión Reina Valera 1960) © 1960 en América Latina por Sociedades Bíblicas.

ISBN: 978-628-01-1074-5

Todos los derechos reservados. Ninguna parte de esta publicación puede ser reproducida, almacenada en un sistema de recuperación o transmitida en forma alguna por ningún medio, ya sea electrónico, mecánico, fotocopiado, grabado o de otro tipo, sin el permiso previo del editor, excepto en los casos previstos por la ley de derechos de autor de los Estados Unidos.

Monte Alto Editorial

www.montealtoeditorial.com

CONTENIDO

UNA RAZA:
Una respuesta con base bíblica   **7**

La reacción a la muerte de George Floyd   7

Entender la "raza"   9

Racismo o divisiones étnicas   13

La Fundación para la Dignidad Humana   20

Una respuesta con base bíblica   26

APÉNDICE:
Introducción al marxismo cultural   **37**

Socialismo y marxismo económico   38

Marxismo cultural   46

Sobre el autor   53

UNA RAZA

UNA RESPUESTA BÍBLICA AL RACISMO, LA DIGNIDAD HUMANA Y EL MARXISMO CULTURAL

La reacción a la muerte de George Floyd

Tras la muerte de George Floyd el 25 de mayo de 2020, un afroamericano de cuarenta y seis años que fue asesinado injustamente por un agente de policía, miles y miles de personas en Norteamérica han salido a las calles para exigir justicia y protestar contra el racismo bajo el mantra *Black Lives Matter* (Las vidas de los negros importan). En algunos casos, las manifestaciones públicas han sido pacíficas y en otros, violentas. Sin embargo, lo que ha acaparado la mayor atención de los medios de comunicación, han sido los disturbios que se han producido a lo largo y ancho de Estados Unidos y que han causado daños a la propiedad privada y pública, lesiones a civiles y policías y varias muertes también.

Fue Edmund Burke quien escribió en el siglo XVIII: "Lo único necesario para el triunfo del mal es que los hombres buenos no hagan nada". Tal fue el caso de Floyd, que podría haber sido salvado por el pueblo a su alrededor. Hay que pensar que lo que hemos visto en las calles con las protestas y los disturbios ha sido un intento de remedio para el futuro, pero hay mucho más de lo que ocurre bajo la superficie.

De hecho, lo que estamos presenciando es una *revolución* en desarrollo, un movimiento que no teme recurrir a la violencia para promover su agenda. Si lo que hemos estado viendo en las noticias o en varios flujos de medios sociales es una indicación, estamos siendo testigos del lento colapso gradual de la sociedad estadounidense, lo que se ha predicho desde hace mucho tiempo desde la salida de Estados Unidos de su consenso cristiano predominante.

Por supuesto, esto no significa que el *fin* de la sociedad norteamericana esté sobre nosotros sino que este último intento de los marxistas culturales - aquellos que creen (entre otras muchas cosas) que la transformación estructural puede lograrse desde fuera hacia dentro - es sólo un paso más hacia el inevitable colapso de la sociedad. Como un tren muy cargado que viaja cuesta abajo sin frenos, nos acercamos cada vez más a las consecuencias de nuestra apostasía religiosa-cultural.

Los primeros meses del 2020 fueron, sobre todo, momentos de incertidumbre, no sólo porque la pandemia del COVID-19 había provocado la "quietud" del mundo, y por lo tanto su inquietud, sino también porque los últimos acontecimientos (Floyd, protestas, disturbios, etc.) han conducido a este particular momento cultural. Se ha trazado una línea en la arena y bien se está del lado del marxista cultural victimizado, bajo la bandera de la "igualdad" y la "libertad" o del lado de los opresores, llevando la marca del fascismo, el fanatismo, el supremacismo blanco y el racismo.

La mayoría de los cristianos no ven esto, no han discernido esto y en lugar de proporcionar una respuesta bíblicamente informada a nuestra situación cultural actual, repiten como loros todos los mantras populares sin entender sus presupuestos subyacentes. Al hacerlo, han contribuido a apuntalar la nueva religión, siendo infieles a la verdadera fe de nuestros antepasados espirituales: la fe firmemente arraigada en la Biblia. Sin embargo, antes de abordar esta cuestión, debemos debatir cómo debemos entender la "raza" y el "racismo" ya que al fin y al cabo, no podemos conseguir nada sin los presupuestos bíblicos adecuados.

Entender la "raza"

¿Qué es la «raza»? El término se utiliza tan a menudo de forma no constante que la gente lo usa sin darse cuenta de lo que realmente significa. Los términos «raza» y «racismo» no significan lo que la gente cree que significan. Para explicarlo, el término «racismo» es definido por el diccionario *Oxford* como: "prejuicio, discriminación o antagonismo dirigido contra alguien de una raza *diferente basados en la* creencia de que la propia raza es superior".[1] ¿Cuál podría ser el problema de esta definición? o dicho de otro modo, ¿cuál puede ser el problema del término "racismo"?

La respuesta está en lo que presupone. Presupone que la humanidad *no es* una sola raza sino una serie de razas y si ese es el caso entonces, ¿cómo debemos referirnos unos a otros? ¿Soy humano? ¿Es humano mi vecino?

¿Cómo? ¿No somos razas diferentes? ¿Qué nos hace «humanos»? El mismo diccionario define el término «raza-humana» como «seres humanos en general; humanidad»,[2] y, sin embargo, esa definición contradice lo que presupone cuando se trata de definir el "racismo". Más adelante me referiré a cuándo ganó importancia exactamente el concepto de "razas múltiples", un concepto que se presupone con el uso del término "racismo" (sea la gente consciente de ello o no) y en contra de lo que la gente cree, perpetúa aún más las divisiones étnicas que la sociedad busca desesperadamente reconciliar.

Sin embargo, primero debemos consultar lo que la Biblia enseña sobre la "raza". Al fin y al cabo, como palabra inspirada y revelada de Dios, es la máxima autoridad para todo conocimiento verdadero, la única interpretación autorizada de la creación y por tanto, nos proporciona

---

1. "Racismo", *Lexico: Oxford Languages*. Consultado el 8 de junio de 2020, https://www.lexico.com/en/definition/racism/.
2. "Human Race", *Lexico: Oxford Languages*. Consultado el 8 de junio de 2020, https://www.lexico.com/definition/human_race/.

una comprensión correcta del mundo, es decir, nuestra *visión del mundo y de la vida*.

No debería sorprender que el término "raza" no se encuentra en la Biblia. El término se acuñó en el siglo XVI a través de la lengua francesa a partir de la palabra italiana *razza*, más allá de que no se conoce sobre su origen principal.[3] Lo que *sí* utiliza la Biblia es el término "especie", del hebreo *min* que se encuentra por primera vez en Génesis 1. La definición de "especie" la proporciona K.A. Mathews en *The New American Commentary: Génesis 1-11:26,* quién escribe:

> Al igual que las "separaciones" forman parte de la creación, también lo son las distinciones entre los seres vivos, indicadas por su "tipos". Creación y procreación según el "tipo" indica que Dios ha establecido parámetros para la creación.[4]

Por lo tanto, todos somos, en cierto sentido *una especie* al igual que los felinos (leones, tigres, leopardos, etc.) son una especie y los perros también (lobos, coyotes, zorros, etc.) Por eso, se nos considera hombres (en inglés, *mankind*), término que procede del inglés antiguo *man-kende*.[5] No obstante, no podemos utilizar del todo

---

3. "Race", *Lexico: Oxford Languages*. Consultado el 8 de junio de 2020, https://www.lexico.com/en/definition/race/.
4. K.A. Mathews, *The New American Commentary: Génesis 1-11:26*, Vol. 1A (EE.UU.: B&H Publishing Group, 1996), 153.
5. "Humanidad", *Etimología en línea*. Consultado el 8 de junio de

el término "hombre" para la humanidad porque hay algo que nos diferencia del resto de las criaturas de la creación. Mathews va más allá en su explicación:

> pero el término [especie] nunca se utiliza para la humanidad, lo que demuestra que somos un orden único de la creación. Además, las distinciones étnicas son accesorias en cuanto a lo común de la familia humana.[6]

¿Qué es lo que nos convierte en un «orden de creación único»? El hecho de que hayamos sido creados a imagen de Dios: que cada persona, independientemente de la melanina en su piel, de la lengua que hable o de su lugar de origen, lleva la imagen del Dios creador de las Escrituras. Jonathan Sarfati, científico y académico del CMI, explica lo que significa ser creado a imagen de Dios:

> Somos similares, pero no idénticos a Dios. Somos *parecidos* porque compartimos los *atributos comunicables* de Dios como la razón, el amor, la voluntad, el discernimiento, la moral y el lenguaje. *No* somos *idénticos* porque somos *criaturas*, por lo que nunca podríamos compartir los *atributos incomunicables* de Dios como la omnipotencia, la omnisciencia, la omnipresencia y la autoexistencia.[7]

2020, https://www.etymonline.com/word/mankind/.
6. Mathews, *The New American Commentary: Génesis 1-11:26*, 153.
7. Jonathan Sarfati, *The Genesis Account: A Theological, Historical, and Scientific Commentary on Genesis 1-11* (Powder Springs, Georgia: Creation Book Publishers, 2015), 250.

En otras palabras, somos tan parecidos a Dios como puede serlo una criatura. Eso significa que los afroamericanos son creados a imagen de Dios, que los latinos son creados a imagen de Dios, que los nativos americanos son creados a imagen de Dios, que los europeos son creados a imagen de Dios, etc. Toda la humanidad, a pesar de la mancha del pecado, lleva *igualmente* la imagen del Creador. Volveré sobre la importancia de este hecho dado que es precisamente *porque* presuponemos la imagen de Dios en el hombre que podemos condenar *justamente* el asesinato de George Floyd. Podríamos ir aún más lejos diciendo que es *porque presuponemos* la verdad bíblica del hombre y de Dios que podemos defender y luchar por la protección de la dignidad humana.

Entendiendo entonces que toda la humanidad fue creada *igual* en la *imago Dei*, de acuerdo con la palabra inscrita de Dios (Gen 1:28), si insistimos en usar el término moderno "raza", entonces su uso apropiado (independientemente de su historia pasada) debe ser en referencia a la raza *humana* como *una sola* raza. No es posible aplicarlo a las distinciones étnicas dentro de la familia humana, permítanme explicar por qué.

¿Racismo o divisiones étnicas?

El concepto de *múltiples razas* que comprenden la raza humana (por muy contradictorio que sea) ganó prominencia científica (y eventualmente, cultural) como resultado del evolucionismo darwiniano. De hecho, el término "racismo" presupone la teoría evolutiva, principalmente la del poligenismo evolutivo, tal y como la propuso Ernst Haeckel, quién postula que el origen de la humanidad no procede de una unidad familiar o punto de origen concreto sino de *múltiples* puntos de origen.[8]

Haeckel niega rotundamente que toda la humanidad sea hija de nuestros primeros padres, los históricos Adán y Eva. Al adoptar una perspectiva evolucionista de los orígenes naturales, como ha hecho la mayoría de la gente en occidente, nos vemos obligados a adoptar el concepto de raza múltiple y por consiguiente, los negros son una "raza", los blancos son una "raza" y los asiáticos también son una "raza". Según Haeckel, los seres humanos pueden dividirse en *diez* razas, de las cuales la caucásica se consideraba la más alta y superior. Esto, por supuesto, plantea la pregunta: ¿Cómo se determina quién es de cuál raza?

Charles Darwin (1809-1882), al exponer su teoría del origen natural de las especies "se aferró a la idea de que las razas humanas eran claramente diferentes y básicamente inmutables".[9] Fue Darwin quien afirmó que en el mundo de la naturaleza, "los 'fuertes' estaban destinados a salir victoriosos y los "débiles a perecer", lo que posteriormente fue repetido por sus partidarios en lo que se refiere a las razas del hombre.[10] Fue Darwin quien esta-

---

8. John Jackson, Jr. y Nadine M. Weidman, *Race, Racism, and Science: Social Impact and Interaction* (Santa Barbara: ABC-CLIO, 2004), 87.
9. Jackson y Weidman, *Race, Racism, and Science*, 71.
10. Brigitte Hamann, *La Viena de Hitler: A Dictator's Apprenticeship* (Nueva York: Oxford University Press, 2010), 200, 203.

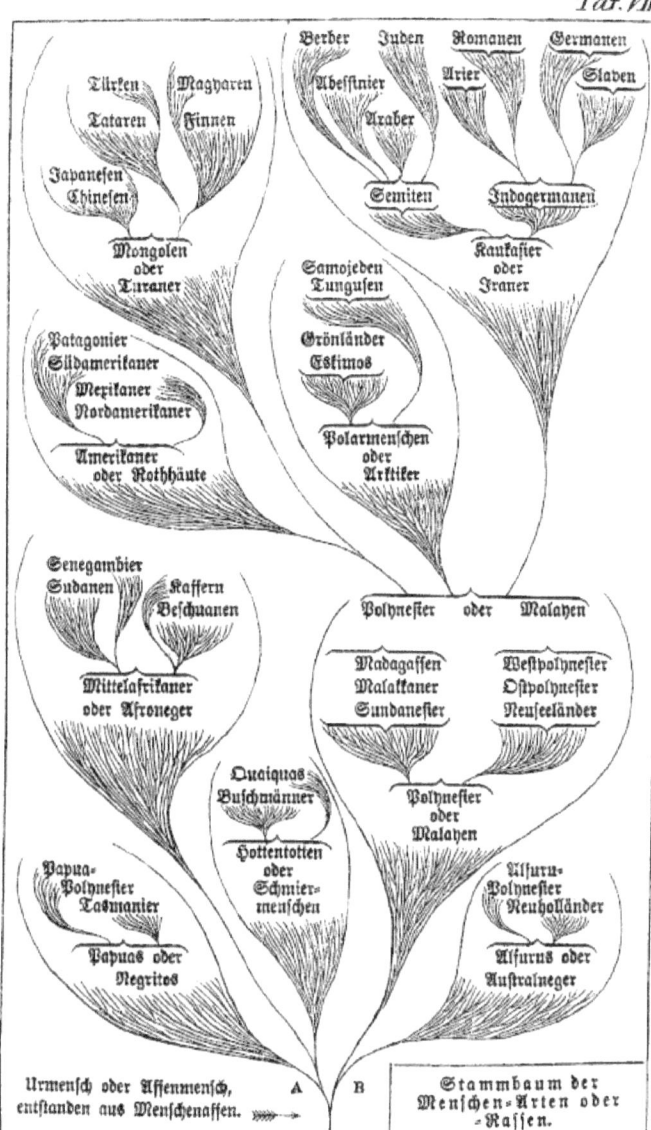

Figura 1: "Árbol genealógico de las razas humanas", de *Natürliche Schöpfungs-Geschichte* (1868) de Haeckel [digitalizado por Kurt Stüber (http://www.biolib.de)]

bleció el fundamento "científico" del concepto multirracial junto con la dinámica de superioridad e inferioridad que lo acompaña. Considere lo siguiente:

> Cuando el *Beagle* llegó a Tierra del Fuego, en el extremo sur de Sudamérica, Darwin se quedó atónito y horrorizado al ver a los salvajes que salieron al encuentro del barco. "No había ninguna excepción". Escribió en su diario sobre el viaje, "el espectáculo más curioso e interesante que jamás haya contemplado. No podía creer lo amplia que era la diferencia entre el hombre salvaje y el civilizado. Es más amplia que entre un animal salvaje y uno domesticado, ya que en el hombre hay un mayor poder de mejora..." [Cuando los fueguinos [civilizados] volvieron a sus costumbres salvajes, Darwin estaba convencido de que los hábitos raciales y las naturalezas raciales estaban arraigadas y eran básicamente inmutables... su clara inferioridad era permanente. Todo lo que quedaba de la evolución racial para Darwin... era el exterminio de las razas inferiores por las [razas] superiores.[11]

Aunque el concepto de multirraza es anterior a Darwin, lo cual está bien documentado, se sigue considerando un fenómeno *moderno*. El debate anterior a Darwin, en lo que respecta a la antropología, era en gran medida entre la monogénesis y la poligénesis, la Enciclopedia de Filosofía de Stanford lo explica con más detalle:

---

11. Jackson y Weidman, *Race, Racism, and Science*, 71.

La monogénesis se adhería a la historia bíblica de la creación al afirmar que todos los humanos descendían de un ancestro común, quizá el Adán del Libro del Génesis mientras que la poligénesis, en cambio, afirmaba que los diferentes razas humanas descienden de diferentes raíces ancestrales.

Así, la primera postura sostenía que todas las razas son, sin embargo, miembros de una especie humana común mientras que la segunda consideraba las razas como especies distintas.[12]

Sin embargo, cuando llegó Darwin, estableció una teoría "científica" para el origen del hombre cuando no había más que especulaciones desde que el hombre se apartó de la autoridad bíblica. El "racismo" ¿existe desde antes? Por supuesto, se puede pensar en la trata de esclavos en África y el Caribe. El escéptico David Hume, por ejemplo, escribió en 1754 que: "Soy propenso a sospechar que *los negros y, en general, todas las demás especies de hombres...* son naturalmente inferiores a los blancos".[13] El racismo es un desarrollo posterior a Babel. Sin embargo, mientras que el "racismo" antes de Darwin era una suposición infundada, el "racismo" encontró un *fundamento seguro* en la teoría darwiniana.

---

12. "Race", *Stanford Encyclopedia of Philosophy*. Consultado el 8 de junio de 2020, https://plato.stanford.edu/entries/race/#HisConRac/.
13. Citado en "Race", *Stanford Encyclopedia of Philosophy*, https://plato.stanford.edu/entries/race/#HisConRac/.

Consideremos, por ejemplo, el hecho de que la teoría darwiniana sirvió de base ideológica para todo el movimiento nazi. Como escribe el académico Jerry Bergman: "Casi todos los líderes nazis estaban esclavizados a las ideas e ideales darwinistas y casi todos se oponían fuertemente al cristianismo hasta el punto de que acabaron por querer erradicarlo de Europa".[14] Eso condujo a la mayor holocausto en la historia de la humanidad. Véase el libro de Bergman *Hitler and the Nazi Darwinian Worldview* para saber más. Además, desde la década de 1930 hasta la de 1960, el Museo Field de Chicago exhibió una exposición llamada "Razas de la Humanidad" que consistía en más de 100 estatuas diferentes de bronce y piedra que representaban tipos raciales de todo el mundo. Como señala un escritor:

> La evolución darwiniana dio un barniz de validez científica al racismo institucionalizado... científicos y sociólogos empiezan a reconocer la oscura conexión entre la evolución y los esfuerzos del pasado por devaluar la dignidad humana, admite la antropóloga del Museo Field Alaka Wali, que lo llama "racismo científico". Wali dice: "Los darwinistas sociales que guiaron esta exposición decían que la evolución cultural humana era progresiva, de modo que pasamos de primitivos a bárbaros y a civilizados. Y los

---

14. Jerry Bergman, *Hitler and the Nazi Darwinian Worldview: How the Nazi Eugenic Crusade for a Superior Race Caused the Greatest Holocaust in World History* (Kitchener, ON.: Joshua Press, 2012), Kindle Edition.

civilizados eran siempre los europeos".[15]

Al adoptar la teoría darwiniana, nos vemos obligados a plantear preguntas como las siguientes ¿Cuál raza es la más evolucionada? ¿Cuál raza es la más superior? ¿Cuáles son los marcadores para determinar el progreso o la regresión de una determinada raza? Así, inevitablemente, adoptar el término "racismo" perpetúa en realidad el presupuesto darwiniano que hace el "racismo" posible. No podemos denunciar el "racismo" sin renunciar a sus presupuestos. Después de todo, desde una perspectiva darwiniana, ¿cómo podemos dar sentido a nuestra indignación moral por la muerte de Floyd? ¿Qué derecho tenemos a condenar este mal? ¿Cuál es nuestra respuesta a "¿Qué es el mal?

No tenemos ninguna respuesta justificable. No tenemos derecho a condenar nada y tampoco podemos dar sentido a nuestra indignación moral. Sin embargo, en el fondo de nuestro corazón, sabemos que esto está mal. Sobre este asunto hablaré más adelante.

No obstante, primero debemos resolver cómo hemos de *referirnos* a los diferentes grupos de personas de la humanidad, sobre todo de una manera que se ajuste a la realidad creada porque tampoco podemos pretender que la humanidad sea indistinta en sí misma. Al fin y al cabo, eso no es lo que describe la Biblia.

---

15. Culpable de "racismo científico" , *Answers*, Vol. 12 No. 1, enero-febrero 2017, 47.

Hay una hermosa diversidad en la humanidad. La obra creativa de Dios se ha hecho evidente en el genoma humano a lo largo de la historia natural y lo vemos a nuestro alrededor hoy en día.

Yo diría que, a diferencia del término "razas", cuando se hace referencia a otros grupos de personas, un término apropiado sería en cambio "etnicidad", definido por Oxford como "el hecho o el estado de pertenecer a un grupo social que tiene una tradición nacional o cultural común".[16] ¿Y cómo nos referimos a los casos de "racismo"? Un término más apropiado sería "discriminación étnica" o "prejuicio étnico", que se ajustaría más a la realidad creada. Finalmente, todos formamos parte de la familia *humana* creada.

La Fundación para la Dignidad Humana

Todo el mundo está de acuerdo en que el asesinato injustificado de Floyd fue malvado. Todo el mundo está de acuerdo en que el odio contra alguien por el color de su piel o por su etnia es malo. Por eso la gente protesta.

Los disturbios están expresando su indignación y presionando por un cambio sistémico. Sin embargo, desde sus presupuestos humanistas y darwinistas, son incapaces de justificar su indignación moral. Son contradicciones andantes y parlantes porque saben que esas implicaciones son falsas, es decir, no se corresponden con la realidad ya que la teoría darwiniana y la cosmovisión

---

16. "Etnia", *Lexico: Oxford Languages*. Consultado el 8 de junio de 2020, https://www.lexico.com/en/definition/ethnicity/.

que propone no se corresponden con la realidad. Permítanme explicar por qué es exactamente así.

Como criaturas de Dios en el mundo creado por Él, no podemos evitar presuponer al verdadero Dios de la Biblia en nuestra vida y pensamiento. Y al presuponerlo, presuponemos la verdad de su revelación. En esta situación concreta, es porque nos tomamos el mal *en serio*. No lo tratamos como una construcción social, no es simplemente una preferencia personal para nosotros y al plantear que existe el mal, planteamos que existe el bien. Si postulamos que el mal y el bien existen, entonces estamos presuponiendo una norma moral objetiva, una ley moral, por la que podemos diferenciar entre ambos y que requiere un legislador moral que sólo puede ser el Dios de la Biblia. Por decirlo claramente, podemos condenar la maldad del asesinato de Floyd, la injusticia de la discriminación étnica y también dar sentido a nuestra indignación moral desde la cosmovisión judeo-cristiana. De hecho, la base, el fundamento mismo de la dignidad humana se encuentra en la cosmovisión judeo-cristiana.

El antiguo obispo de Rochester, Michael Nazir-Ali, en su libro *The Unique and Universal Christ*, afirma con razón que:

> Incluso los filósofos agnósticos han dicho que finalmente, las nociones de dignidad humana inherente dependen de la visión judeo-cristiana de que los hombres y las mujeres

han sido creados a imagen y semejanza de Dios y que esto nunca se les puede quitar.[17]

Estas palabras son ciertas porque a pesar de que las afirmaciones de los escépticos de que muchos profesos "cristianos" fueron anteriormente propietarios de esclavos, fue el activista político y político William Wilberforce (1759-1833), un estadista cristiano inglés quien se enfrentó al grave pecado del robo de hombres y la esclavitud desde una visión del mundo claramente judeocristiana y logró la abolición del comercio de esclavos africanos.

Sus convicciones cristianas y su fe en la Biblia fueron las raíces de su activismo político y su filantropía. Consideremos, por ejemplo, lo que escribe en su *Carta sobre la Abolición de la Trata de Esclavos*:

> si la trata de esclavos es un crimen nacional, declarado por todos los hombres sabios y respetables de todos los partidos sin excepción, como un compuesto de la más grosera maldad y crueldad, un crimen al que nos aferramos desafiando la luz más clara, no sólo en oposición a nuestros propios reconocimientos de su culpabilidad, sino incluso a nuestras propias resoluciones declaradas de abandonarlo; ¿no es este entonces el momento... de aligerar el barco del estado, de tal carga de culpa e infamia?[18]

---

17. Michael Nazir-Ali, *The Unique and Universal Christ: Jesús en un mundo plural.* (Colorado Springs, CO.: Paternoster, 2008), 2.
18. William Wilberforce, *A Letter on the Abolition of the Slave Trade: Addressed to the Freeholders and Other Inhabitants of York-shire* (Nueva York: Cambridge University Press, 2010 [orig. 1807]), 5-6.

A LETTER

ON

THE ABOLITION

OF THE

SLAVE TRADE;

ADDRESSED TO THE

FREEHOLDERS AND OTHER INHABITANTS

OF

YORKSHIRE.

By W. WILBERFORCE, Esq.

" There is neither Greek nor Jew, circumcision nor uncircumcision, Barbarian, Scythian, bond nor free: but CHRIST is all, and in all. Put on therefore bowels of mercies, kindness," &c.—COL. III. 11. 12.

" GOD hath made of one blood all nations of men, for to dwell on all the face of the earth."—ACTS xvii. 26.

LONDON:

Printed by Luke Hansard & Sons,

FOR T. CADELL AND W. DAVIES, STRAND; And,

J. HATCHARD, PICCADILLY.

1807.

Figura 2: William Wilberforce, *A Letter on the Abolition of the Slave Trade: Addressed to the freeholders and other inhabitants of York-shire (1807)* Londres: T. Cadell y W. Davies. State Library of NSW Rare Books (RB/0026). .

Wilberforce no fue la única voz en la materia, otros como John Wesley (1703-1791), Granville Sharp (1735-1813), Jonathan Edwards Jr. (1746-1801) y Thomas Clarkson (1760-1846) también se pronunciaron contra los males de la esclavitud y pidieron la abolición del comercio de esclavos. John Newton (1725-1807), autor del himno "Sublime Gracia", fue un *comerciante de esclavos* que se convirtió en *abolicionista* tras su conversión.

En ningún momento, la cosmovisión judeocristiana avaló el robo de hombres o la esclavitud ni tampoco la discriminación o los prejuicios étnicos sino que los condenó (cf. Job 31:13-15; Jn. 13:34; Hch. 10:34-35; Gál. 3:28; Col. 3:11; Stg. 2:8-9; Ap. 7:9-10).[19] Aquí hay que

19. Si la esclavitud era un hecho en el Antiguo y el Nuevo Testamento, ¿cómo debemos entender estos sucesos? Según Bodie Hodge y Paul F. Taylor: "Los esclavos bajo la Ley de Moisés eran diferentes de los esclavos tratados con dureza en otras sociedades; eran más bien siervos o sirvientes... La Biblia no avala a los comerciantes de esclavos, sino todo lo contrario (1 Timoteo 1:10)... Un esclavo/sirviente se adquiría cuando una persona entraba voluntariamente en él cuando necesitaba pagar sus deudas. La Biblia reconoce que la esclavitud es una realidad en este mundo maldito por el pecado y no la ignora, sino que da normas para el buen trato tanto de amos como de siervos y revela que son iguales bajo Cristo... Los israelitas podían venderse como esclavos/siervos para cubrir sus deudas, ganar un salario, tener una vivienda y ser liberados después de seis años. Los extranjeros también podían venderse como esclavos/sirvientes... Fueron los cristianos bíblicos los que lideraron la lucha por la abolición de la dura esclavitud en los tiempos modernos", véase "Bible Questions, Chapter 33: Doesn't the Bible Support

hacer una notable distinción, no me refiero a la cosmovisión cristiana *profesada por* una persona sino a la cosmovisión judeo-cristiana presentada por las enseñanzas de la Biblia. Cualquiera puede decir que es "cristiano", pero la visión del mundo de esa persona debe estar en consonancia con la palabra de Dios.

La Biblia es la Palabra infalible de Dios, no el cristiano. El cristiano no determina cuál es esa visión del mundo, la *Biblia* lo hace.

La palabra de Dios enseña que el hombre ha sido creado a imagen y semejanza de Dios (Gn. 1:26-28) y por esa virtud, todos somos creados iguales. A diferencia de la cosmovisión darwiniana, que proporciona la base para la discriminación y los prejuicios étnicos (racismo científico - antes de esto, el racismo se basaba en suposiciones sin fundamento), la dignidad humana fue establecida en el mismo principio en el orden de creación de Dios. Esto se afirma en los Diez Mandamientos y lo afirma Jesús cuando aborda los dos mandamientos más importantes, el segundo de los cuales se refiere a cómo debemos tratarnos unos a otros (Marcos 12:30-31; Cf. Lev. 19:18).

La Biblia no dijo que la gente debía tratar a los judíos mejor que a los gentiles, ni a los caucásicos mejor que a los negros. Para usar un ejemplo moderno, ambas formas de discriminación son incorrectas. En cambio, enseña "Amarás a tu prójimo como a ti mismo" (Marcos 12:31;

Slavery?", *Answers in Genesis*. Consultado el 9 de junio de 2020, https://answersingenesis.org/bible-questions/doesnt-the-bible-support-slavery/.

Cf. Mat. 7:12). ¿Quién es tu prójimo? Literalmente, *todo el mundo*. Y ese amor sólo es posible si amamos primero a Dios. Como comenta el puritano Matthew Henry,

> así como debemos amar a Dios mejor que a nosotros mismos porque él es [YHWH], un ser infinitamente mejor que nosotros y debemos amarlo *con todo nuestro corazón* porque él es un solo *Señor* y no hay otro como él, así debemos *amar nuestro prójimo como a nosotros mismos* porque es de la misma naturaleza que nosotros. Nuestros corazones están formados de la misma manera y mi prójimo y yo somos de un solo cuerpo, de una sola sociedad: la del mundo de la humanidad y si es un compañero cristiano y de la misma sociedad sagrada, la obligación es más fuerte. ¿No nos ha creado un solo Dios? Mal. 2:10. ¿No nos ha redimido un solo Cristo? Bien podría decir Cristo: *No hay otro mandamiento mayor que éstos*; porque en éstos se cumple toda la ley y si hacemos conciencia de obedecerlos, todos los demás casos de obediencia se seguirán por supuesto.[20]

Una respuesta con base bíblica

Al reflexionar sobre la muerte de Floyd y la respuesta cultural que ha provocado, como cristianos debemos ser conscientes de cómo respondemos como sal y luz de Dios para el mundo (Mateo 5:13-16). *Ser* cristiano, *seguidor de Cristo*, también implica *pensar* cristianamente.

---

20. Matthew Henry, *Matthew Henry's Commentary on the Whole Bible: Complete and Unabridged in One Volume* (Peabody: Hendrickson, 1994), 1806.

Desgraciadamente, ese no ha sido el caso de la mayor parte de la iglesia sino que un gran contingente de creyentes ha comprado el mensaje progresista y apóstata del mundo, el de la "justicia social" de los marxistas culturales sin haber "probado los espíritus" (1 Jn. 4:1-6), es decir, sin realizar un examen crítico "para ver si son de Dios" (v. 1). Para explicarlo mejor, no todos los que luchan por la *libertad* y la *igualdad* luchan realmente por la libertad y la igualdad. ¿Cómo es eso? Si se comparan los ideales del mundo con los de la Biblia, se verá que hay un gran abismo por debajo de los 20 años entre ambos.

Esto se aplica también a las nociones de libertad e igualdad. Consideremos, por ejemplo, la declaración de creencias de *Black Lives Matter* (BLM), una de las varias organizaciones marxistas culturales en funcionamiento hoy en día. Para citar algunos de sus principios:

> desmantelar la práctica patriarcal que exige que las madres trabajen,
> desbaratar la estructura familiar nuclear prescrita por Occidente
> y fomentar una red de afirmación *queer*.
> Cuando nos reunimos, lo hacemos con la intención de liberarnos del estrecho control del pensamiento heteronormativo...[21]

Según el marxismo cultural que mantiene la dinámica de la *burguesía* y el *proletariado* en una forma más oc-

---

21. "What We Believe", *Black Lives Matter*. Consultado el 8 de junio de 2020, https://blacklivesmatter.com/what-we-believe/.

cidentalizada, los "opresores" son quienes defienden el orden de creación de la familia, el orden de creación del matrimonio y el orden de la creación de la persona humana. No basta con creer que todos los hombres y mujeres han sido creados iguales a imagen y semejanza de Dios. No basta con creer en el Estado de Derecho, no basta con denunciar el racismo.

No, estos nuevos conceptos de "libertad", "igualdad" y "justicia" deben verse a la luz de los presupuestos del movimiento, una visión del mundo que va *mucho más allá de la cuestión de la discriminación y los prejuicios étnicos*. Este movimiento postula una humanidad radicalmente autónoma que es fluida y maleable para ser lo que quiera ser, una "libertad" que se rebela a lo que Dios ha establecido en el orden de la creación. Este movimiento postula que la "igualdad" significa la uniformidad absoluta de la familia humana, donde términos como "daltónico" y "trans-x" se utilizan entre otros para cultivar la comprensión de una humanidad sin distinciones.

Este movimiento postula que la "justicia" significa la inversión de la supuesta dinámica de la supremacía blanca y la inferioridad negra (o cualquier otra dinámica de opresor-víctima para el caso). Este último punto puede ser el más discutido, pero cuando consideramos que la tan buscada tolerancia de los marxistas culturales es en realidad una intolerancia hacia todos los puntos de vista opuestos, se hace evidente que lo que estamos viendo no es una restauración de "justicia" sino la implementación de la tiranía de la mafia.

Figura 3: La frase "Black Lives Matter" es una afirmación virtuosa en el sentido de que afirma la dignidad humana de un grupo de personas en particular; sin embargo, esto debe diferenciarse del *movimiento* Black Lives Matter, que representa algo más, la "justicia social" del marxismo cultural. Cf. Andrew Sandlin, Twitter. Consultado el 10 de junio de 2020, https://twitter.com/DocSandlin/status/1270339116211646464?s=19; Licencia de imagen gratuita de Pexels.

Muchos cristianos no han visto los juegos de lenguaje que se están llevando a cabo y han cedido a este movimiento marxista cultural adoptando el lenguaje de *Black Lives Matter*, pensando que están afirmando algo bíblico (la igual dignidad humana de una etnia particular) sin darse cuenta de cuánto de sus convicciones bíblicas están sacrificando en el altar del hombre radicalmente autónomo y divinizado. No es posible de ninguna manera ser un cristiano fiel y a la vez defender a *Black Lives Matter* porque si sabes lo que crees como cristiano y esas creencias son las que las Escrituras enseñan que son verdaderas, entonces eres ineludiblemente el *opresor* según la narrativa de la justicia social. No hay doble juego, o estás del lado del hombre radicalmente autónomo que se cree independiente de Dios en todos los aspectos o estás del lado de Cristo, quien reina y gobierna soberanamente sobre toda la creación como Señor. No es posible servir a dos señores.

Que la iglesia renuncie a este movimiento, al marxismo cultural y a su justicia social, no significa que sea intolerante, racista, homofóbica y transfóbica. Estos no son más que juegos de lenguaje utilizados para avergonzar, intimidar y manipular a los grupos no conformistas. Si enseñamos la Biblia, si defendemos la Biblia, entonces, independientemente de lo que digan los marxistas culturales o los guerreros de la justicia social, estamos defendiendo la verdad que concierne a Dios, al hombre y al mundo en una época de confusión religioso-cultural. La *verdadera* libertad está en el contexto del Evangelio. La *verdadera igualdad está en el contexto de* nuestra creación a imagen de Dios. La *verdadera justicia está en el contexto de la* ley de Dios. El movimiento marxista cultural cree que la transformación estructural funciona de fuera a dentro, esto es un error. La transformación estructural comienza desde dentro hacia fuera. Esto es porque nuestra cultura no tiene, en su raíz, un problema étnico, político o de lenguaje, tiene un problema de *PECADO*.

¿Cómo deben responder los cristianos a este momento cultural? En *primer lugar, afirmando lo que la Biblia afirma sobre el hombre.* Floyd fue creado tanto a imagen de Dios como su asesino y los reflejos de ambos de la imagen divina han sido estropeados por el pecado. De hecho, este es el caso de todos. *Nadie* está exento.

Todos hemos sido creados a imagen y semejanza de Dios, ninguno es más alto que otro. Todos estamos en un plano de igualdad en ese sentido y además, todos somos igualmente pecadores. Nuestros primeros padres pecaron contra Dios al buscar la autonomía radical: ser independientes y autosuficientes haciendo de Dios (Génesis, 3:1-7) para ser como Dios de una manera que era inapropiada para una criatura. Al hacerlo, sometieron al resto de la humanidad a la maldición del pecado y por consiguiente, todos estamos, como sus hijos, manchados por la influencia corrupta del pecado, esclavizados a su poder y hechos culpables ante un Dios santo y justo, por lo que también merecemos igualmente el juicio. La igualdad que afirma la Biblia no es una fluidez sin distinciones es una igualdad en cuanto a ser creados a imagen de Dios y ser sometidos a su ley.

En segundo lugar, condenando lo que la Biblia condena. Lo que le había sucedido a Floyd era malo. Independientemente de la etnia, el hombre había matado a otro hombre en violación del sexto mandamiento, "no matarás" (Exodo 20:13). Además, en lo que respecta a la discriminación y los prejuicios étnicos, esto que la Biblia condena como el pecado de odiar a un hermano sin causa equivale a un asesinato a los ojos de Dios (Mt. 5:22).

Como comenta el erudito Craig Blomberg, "Al igual que Moisés, Jesús condena el asesinato, pero continúa afirmando que albergar ira en el corazón también es pecaminoso y merece un castigo".[22] Aunque el término "hermano" podría referirse no a un miembro de la familia sino a la comunidad religiosa de la iglesia, también puede aplicarse al prójimo porque somos una familia humana, hijos de Adán y Eva, nuestros primeros padres. Aunque el odio contra alguien sin causa no es lo mismo que el asesinato, esto no lo hace menos pecaminoso. Los cristianos tienen una responsabilidad moral y una vocación profética de enfrentarse al pecado, denunciarlo y llamar a la gente al arrepentimiento. Por lo tanto, la iglesia no debe guardar silencio. La iglesia debe ser una voz profética en la cultura.

En tercer lugar, proclamando el único evangelio que puede provocar una transformación estructural que

---

22. Craig Blomberg, *The New American Commentary: Matthew*, Vol. 22 (Nashville: Broadman & Holman Publishers, 1992), 106.

comienza en el corazón de los hombres. Si reconocemos que somos pecadores ante un Dios santo y justo (Rom. 3:23; Cf. 1 R. 8:46; Ecl. 7:20; Rom. 3:9) y que estamos sujetos a la caída debido al hecho de que estamos muertos en nuestros delitos (Ef. 2:1; Col. 2:13), entonces sabemos que somos *incapaces* de efectuar nuestra propia salvación. Por nuestros propios esfuerzos, no podemos liberarnos de la influencia y el poder del pecado ni aliviar la culpa que pesa sobre nuestros corazones. Todos los esfuerzos humanistas para lograr una transformación estructural en el mundo son inútiles. Al intentar asumir un papel salvífico, lo que naturalmente resulta es alguna forma de tiranía aunque no nos quedamos sin esperanza. La provisión de Dios a través de su Hijo Jesucristo ha asegurado para todos los que confían en Él los medios de salvación, liberación y redención. *Salvación* del juicio, *liberación* del pecado y *redención* de la caída.

Mientras que antes estábamos alejados de Dios y escondidos tras un muro de hostilidad construido por nuestras propias manos, en Cristo estamos reconciliados con Dios gracias a la obra renovadora del Espíritu en nuestros corazones que hace posible la reconciliación entre los hombres. Cualquier odio que haya existido entre los grupos étnicos es vencido y en su lugar, se encuentra la reconciliación y la unidad amorosa. Esto lo vemos de manera más evidente en la verdadera iglesia de Cristo, el amor que se muestra a cada miembro independientemente de su origen étnico o lengua y el amor que se muestra al mundo en la proclamación del evangelio y la administración de su gracia. El Evangelio que proclamamos no es un pietismo privativo sino que tiene un alcance total ya que Cristo reina sobre toda la creación: no hay un centímetro del dominio creado que Cristo no diga "¡mío!".[23]

Este evangelio, este εὐαγγέλιον (Gr. «buena noticia»), no sólo de la salvación sino de la realeza de Jesús, provoca la renovación del corazón humano por el poder del Espíritu (Ez. 36:26-27; 37:14; Jn. 3:5-8; 6:63; Tit. 3:5-6). A medida que la Iglesia cumple su misión proclamando y aplicando la verdad de Dios, el Espíritu actúa en los corazones de los hombres para cumplir el propósito redentor de Dios y la renovación que produce no permanece confinada internamente sino que dado que todo lo que hay en el corazón fluye hacia lo que decimos, pensamos y hacemos, esta renovación se derrama desde el corazón en toda interacción creativa posible.

Cuando los corazones de las personas son cambiados, llevados de un estado de muerte espiritual a la vida (Lc. 15:24; Ef. 2:5; Col. 2:13), liberados de la decepción y atraídos por la verdad (Ef. 4:18; Hch. 17:30; 2 Co. 3:14; 1 P. 1:14), rescatados de la locura e iluminados con la sabiduría (1 Co. 1:27; 1:20-21; 2:12; 3:19; Ef. 4:14) y restaurados de la injusticia a la verdadera justicia (Rom.

---

23. Una paráfrasis de una cita originalmente acreditada a Abraham Kuyper (1837-1920) de su conferencia inaugural en la Universidad Libre de Ámsterdam, 20 de octubre de 1880, citada en *Abraham Kuyper: A Centennial Reader*, ed. James D. Bratt (Grand Rapids: Eerdmans, 1998), 488.

3:22; 1:17; 3:30; 4:5; 9:30; 10:4; Gál. 2:16) - han sido hechos nuevos *en Cristo*. Entonces, la transformación estructural será un resultado inevitable. Si queremos construir una sociedad ideal, ésta empieza por renunciar a la pretendida autosuficiencia del hombre, a su pretendida autonomía y rendirse a la realeza de Cristo y al sabio consejo de su infalible, e inerrante Palabra-Ley: la Biblia.

Por lo tanto, como cristianos, como iglesia colectiva que es la sal y la luz del mundo, no debemos sostener presupuestos impíos y antitéticos sino afirmar lo que la Biblia afirma, condenar lo que la Biblia condena y proclamar el único evangelio que puede provocar una transformación estructural, empezando por los corazones de los hombres.

APPENDIX

Una introducción al
MARXISMO CULTURAL

¿QUÉ SE ENTIENDE POR «MARXISMO CULTURAL»? Este movimiento se ha hecho cada vez más frecuente en la cultura occidental hasta el punto de que ya es hora de que la iglesia occidental lo reconozca como una fuerza opuesta al evangelio y a nuestra misión. Para entender lo que queremos decir con el término "marxismo cultural", primero tenemos que considerar lo que el término "marxismo" significa, cómo se originó y cómo podemos diferenciar entre sus aplicaciones económicas y culturales. El pensamiento marxista está experimentando una especie de renacimiento entre los jóvenes de nuestro siglo y sin una clara comprensión del marxismo cultural, la iglesia se encuentra indefensa cuando se enfrenta a sus propuestas, o peor aún, engañada para que *adopte* sus presuposiciones impías. Se ha convertido en una cuestión de hecho y de manera alarmante, a las que que las generaciones más jóvenes de cristianos se han vuelto más susceptibles y esto gracias a que creen erróneamente que es compatible con la cosmovisión cristiana.[1] Sin embargo, *no* es compatible. No puede ser *más* antitético a la *visión* bíblica *del mundo y de la vida* en su estructura y dirección.

Considere cómo se originó el marxismo ideológico:

El socialismo y el marxismo económico

Entre finales del siglo XVIII y principios del XIX, el socialismo surgió como modelo político-económico en respuesta a la opresión de los pobres por parte de los terratenientes ricos. Proponía el fin de la propiedad privada, la abolición de la moneda y que "la gente compartiera en común los beneficios de su trabajo haciendo que las necesidades se distribuyeran a todos a medida que las necesitaran ".[2] Esto condujo a un experimento social de Robert Owen en el siglo XIX, uno de los primeros activistas del socialismo escocés. Construyó una comunidad en New Harmony, Indiana, que viviría según estos principios socialistas, pero para su sorpresa, el resultado fue mayoritariamente negativo. El erudito cristiano Mark L. Ward escribe que:

1. Editores de CT, "John MacArthur's 'Statement on Social Justice' Is Aggravating Evangelicals", *Christianity Today*. Consultado el 12 de septiembre de 2018, https://www.christianitytoday.com/ct/2018/september-web-only/john-macarthur-statement-social-justice-gospel-thabiti.html/.

2. Mark L. Ward, *Biblical Worldview: Creation, Fall, Redemption*, ed. Dennis Cone (Greenville, SC.: BJU Press, 2016), 260.

Los habitantes de New Harmony, aunque habían acudido allí por invitación de Owen, se resistieron. El sistema de Owen para distribuir los bienes comunes era complejo e ineficaz y la gente creó un mercado negro. De todos modos, demasiada gente estaba ociosa y no todos los tipos de trabajadores necesarios para que la comunidad funcionara estaban interesados en unirse al experimento de Owen.[3]

La comunidad socialista se dividió y se derrumbó, no funcionó como estaba previsto y, al final, la gente prefirió la economía capitalista. Los resultados no fueron, sin embargo, una sorpresa para el filósofo alemán Karl Marx (1818-1883). El experimento social de Owen estaba condenado al fracaso porque según él, el socialismo sólo podía alcanzarse a través de la guerra de clases con la revolución como clímax final. Esto es lo que ocurrió en Cuba, por ejemplo. Con la teoría socialista de Marx, la isla fermentó una revolución e impuso un modelo económico socialista. Hasta el día de hoy, las pancartas de *La Revolución* siguen colgadas por todo el campo y en las ciudades municipales mientras el Estado sigue imponiendo coercitivamente su ideología a las nuevas generaciones.

Según la dinámica de la "guerra de clases" de Marx, era la *burguesía* (los empresarios de clase alta) la que estaba en conflicto con el *proletariado* (los trabajadores de clase baja) debido al sistema económico capitalista. El capitalismo, según el diccionario de Oxford, es "un

---

3. Ibídem, 261.

sistema económico y político en el que el comercio y la industria de un país están controlados por propietarios privados con fines de lucro, en lugar de por el Estado".[4] Marx predijo que, como propietarios e inversores cobraban más por un producto que su coste de productividad y como se repartiesen sus beneficios mientras los empleados no recibiesen más que sus salarios, el colapso económico y el aumento del desempleo culminarían en una revuelta contra el sistema capitalista. Lo que seguiría entonces es el establecimiento de un sistema socialista en el que se aboliría la propiedad privada y cada persona compartiría todas las cosas por igual, eliminando las clases económicas de *burguesía* y *proletariado*.

Sin embargo, la predicción de Marx cayó en saco roto. En lugar de que la revolución surja de abajo hacia arriba, es decir, que el pueblo llano se rebele contra las clases económicas superiores, nos encontramos con que la revolución surge de arriba hacia abajo, como en el caso de Vladimir Lenin en la Rusia comunista. Se trataba de un cambio económico y político *reforzado por el Estado*, no de una revolución dirigida por el pueblo. Lo mismo podría decirse de Cuba.

Para los conocedores de la historia cubana, *La Revolución* tuvo poco que ver con el sistema capitalista y más

---

4. Oxford University Press, "Capitalism: Definition of capitalism in Oxford dictionary (American English) (US)", *Diccionario Oxford*, 2016, consultado el 4 de agosto de 2016, http://www.oxforddictionaries.com/us/definition/american_english/capitalismo/.

con la defensa del dictador ilegal e ilegítimo de Fidel Castro.[5] Sólo después de que los revolucionarios ganaran los puestos políticos del Estado se estableció un gobierno socialista totalitario con la ayuda ideológica y financiera de la Unión Soviética. La ironía es asombrosa si se tiene en cuenta que Castro empezó como defensor de la democracia.[6]

El fracaso del marxismo económico es evidente en la historia reciente, con las actuales Cuba y Venezuela que sirven de ejemplo. Los venezolanos bajo Hugo Chávez y ahora, bajo Nicolás Maduro están a su vez al borde de un colapso total de la sociedad.[7] Y aunque los cubanos lo están pasando un poco mejor que antes (cuando la Unión Soviética retiró su financiación en 1991, los cubanos se quedaron cazando perros callejeros para comer),[8] siguen sufriendo una pobreza extrema mientras que los turistas vierten su dinero en los bolsillos del Estado en resorts y excursiones. La verdad es que cuanto más se planteen los estados iberoamericanos la alternativa socialista, más sufrirá la gente como consecuencia de la ideología de Marx.

---

5. Sergio Guerra Vilaboy y Osar Loyola Vega, *Cuba: A History* (North Melbourne, Australia: Ocean Press, 2010), 73-76.
6. Ibídem, 74.
7. Kevin D Williamson, "Venezuela alcanza el final del camino hacia la servidumbre", *National Review*, 4 de agosto de 2016, consultado el 5 de agosto de 2016, http://www.nationalreview.com/article/438654/venezuela-colapso-económico-esclavitud-ciudadanos.
8. Esto me lo contaron los cubanos durante mi visita ministerial a la isla en marzo de 2016.

Para aquellos que quieran comprender mejor las implicaciones de esta ideología en el mundo real, lean *Rebelión en la granja* de George Orwell y *1984*, dos libros distópicos alegóricos escritos por un antiguo socialista que se desilusionó con Marx y su teoría político-económica.

Los cristianos deben desconfiar del marxismo económico, ya que contrariamente al pensamiento popular en el Sur, no es algo compatible con la cosmovisión cristiana, ni un modelo que pueda ser "bautizado" o reformado de alguna manera. Sus presupuestos subyacentes son antitéticos a la revelación bíblica de Dios y por tanto, suponen la destrucción y el deterioro de la sociedad humana. Consideremos, por ejemplo, el hecho de que el marxismo divide a las personas en dos clases: la *burguesía* y el *proletariado*.

Podemos distinguir entre alguien rico y acomodado y alguien pobre y necesitado, pero eso no significa que existan dos (o más) clases económicas. ¿Cómo se puede determinar el trébol? Si mi salario anual supera una determinada cantidad, ¿soy rico o de clase media? ¿Quién determina el criterio de a qué clase pertenezco? El rico puede convertirse en pobre al día siguiente, el pobre en rico, la *burguesía* en *proletariado,* y el *proletariado* en *burguesía*. Las condiciones económicas de una persona pueden cambiar. El marxismo, sin embargo, divide al hombre en dos clases en función de su bienestar económico *para* poder crear y provocar un conflicto continuo entre ambas. Como escribe en su crítica el comentarista cultural P. Andrew Sandlin:

A la luz del marxismo, este conflicto de clases es el que produce el progreso cultural. Los marxistas siempre han creído que la vida está en todas partes llena de fuerzas opuestas y que la colisión de estas fuerzas trae una realidad más elevada y mejor. Así, el conflicto es algo bueno y las élites deberían fomentar el conflicto en todas partes.[9]

Aquí hay que decir dos cosas: en primer lugar, la teoría marxista sugiere que bajo el sistema capitalista, el hombre no es verdaderamente igual y por "igual" no se entiende reglas justas e iguales, sino igualdad en las condiciones económicas. La igualdad del hombre se basa en su condición económica en relación con la de su vecino. Sin embargo, esto es antitético a la Escritura. La igualdad del hombre no se basa en su economía.

Consideremos Proverbios 22:2 que dice: "El rico y el pobre tienen esto en común: Jehová los hizo a ambos". La igualdad del hombre se basa en que fue creado en la *imago Dei*, la imagen de Dios. Ya sea uno rico o pobre, empresario o empleado, todos somos iguales entre sí como descendientes de Adán y Eva, todos sometidos al imperio de la ley y a Dios nuestro Creador. Exigir una uniformidad estricta es absurdo, por no decir imposible. Cada persona es única como persona, al igual que sus condiciones de vida son únicas en sí mismas.

---

9. P. Andrew Sandlin, "¿Qué es el marxismo cultural?", *Instituto Ezra para el Cristianismo Contemporáneo*. Consultado el 1 de agosto de 2018. https://www.ezrainstitute.ca/resource-library/blog-entries/what-is-cultural-marxism/.

En segundo lugar, lo que Marx propaga, violando el décimo mandamiento, es que el hombre debe tener envidia del prójimo, no puede deleitarse con la ganancia de otra persona, debe recibir una ganancia igual o destruir la ganancia de su prójimo y en el caso de la teoría marxista, es esto último lo que se realiza. La noción general de que todo el mundo "comparte" la propiedad como resultado de la abolición de la propiedad privada significa que el estado debe intervenir para asignar adecuadamente las partes iguales del pueblo, pero eso significa que el pueblo no posee ni comparte nada, todo es propiedad del estado y por lo tanto el rico, el beneficiario y el que se beneficia es el estado. Como escribe Ward:

> El socialismo tiene sus raíces en el ideal democrático de la igualdad, pero el socialismo reforzado por el Estado tiende a ser muy poco democrático... acaba empobreciendo aún más a la gente al quitarle una de las pocas cosas de valor que posee: su tierra.[10]

He oído que tanto los millennials como la Generación Z dicen que si "Jesús hubiera vivido en esta época periodo habría sido un marxista". Esto es tan blasfemo como decir que Jesús es uno de los muchos dioses hechos a imagen del hombre pecador. Jesús enseñó específicamente que los ricos -suponiendo las diferencias económicas en un sistema capitalista- deben utilizar su capital en beneficio de los pobres (Mateo 19:21), defendiendo el punto de vista del Antiguo Testamento de que

---

10. Ward, *Biblical Worldview*, 262.

los ricos deben servir para el bienestar de los pueblos a su alrededor (es decir, Lev. 19:9-10; 23:22). Tampoco demostró ninguna envidia ni odio hacia los ricos, sino que demostró la misma misericordia y compasión que tenía con los pobres (Lucas 19:1-10).

Mientras que la ideología marxista califica la posesión de la propiedad privada como algo "malo", Dios llama "bueno" al derecho a la propiedad privada. Consideremos, por ejemplo, que el octavo mandamiento dice "No robarás" (Ex. 20:15). El mandamiento presupone la propiedad privada y no tendría ningún sentido si no existiera tal cosa. Las leyes relativas a la protección de los derechos de propiedad privada también figuran en la ley bíblica (Ex. 21:33-33:14). Por lo tanto, cualquier cristiano que intente adoptar la ideología marxista estaría en contradicción con la enseñanza de la palabra de Dios, intentando sintetizar la sabiduría de Dios con la locura del hombre y llamando "mal" a lo que Dios llama bueno. Ningún compromiso de este tipo es tolerable ante un Dios santo que llama a su pueblo a tener una comprensión bíblica del mundo, incluso en el campo de la economía.

Antes de continuar, debo aclarar a nuestros lectores que tanto el socialismo como el comunismo son en realidad modelos económicos distintos, no pretendo confundirlos.

La razón por la que puede parecer que utilizo estos términos casi indistintamente es porque uno progresa naturalmente si se deja sin obstáculos hacia el otro, pero ambos están inequívocamente en el corazón de la cosmovisión marxista.

La relación entre ambos es explicada por el académico Raymond Sleeper, quien escribe:

> El socialismo es la primera fase del comunismo. El principio del socialismo es: de cada uno según sus capacidades, a cada uno según su trabajo... Bajo el comunismo, el principio básico de la sociedad será: de cada uno según sus capacidades, a cada uno según sus necesidades.[11]

Marxismo cultural

Pero la ideología de Marx está lejos de limitarse al ámbito económico, se ha desarrollado en una forma occidentalizada de marxismo o "marxismo cultural". Otro nombre con el que se le conoce para ocultar su origen marxista es "Justicia Social". El marxismo original sostenía que el problema de la humanidad era principalmente económico, pero el mundo occidental no se lo creyó. El marxismo económico nunca iba a tener éxito en Occidente porque el *proletariado*, para usar el término de Marx, estaba contento con su trabajo y sus condiciones de vida. La probabilidad de una revolución de abajo a arriba era inexistente y esto significaba que el marxismo tenía que ser descartado o reorganizado con el fin de atraer a las mentes occidentales. Como escribió Sandlin: Para ganar en Occidente, se necesitaba un marxismo adaptado a Oc-

---

11. *A Lexicon of Marxist-Leninist Semantics*, Raymond Sleeper, ed. (Alexandria, VA.: Western and the World). (Alexandria, VA.: Western Goals, 1983), 249.

cidente que tuviera en cuenta las formas de pensar occidentales. La libertad y la igualdad, consignas de Occidente, eran ideas que podían aprovechar para ganar el día.[12]

Así llegaron Antonio Gramsci, Georg Lukacs, Jean-Paul Sartre y Herbert Marcuse, los primeros marxistas culturales para reinventar el significado de la libertad y la igualdad. Si la economía era el problema para el marxismo original, las normas e instituciones de la sociedad eran el problema para el marxismo cultural ya que sostenía que éstas impedían al hombre vivir la "buena vida". Y esa "buena vida" se define como la manifestación plena del hombre de su autonomía radical, de ser su propio dios, de pintar su propia vida, de reinventar su propio significado, de hacer su propia realidad.[13]

Según la teoría del marxismo cultural, el hombre está reprimido por la estructura de la sociedad para vivir su autonomía radical, está encadenado por las instituciones tradicionales de la familia, la iglesia y el mercado. Los roles de liderazgo del padre y la madre, de los pastores y los sacerdotes, de los accionistas y los empleadores son pesos encadenados a su cuello. Le obligan a vivir una vida falsa y artificial, alejada de su "verdadero yo". Y ésta es la idea principal del marxismo cultural para que el hombre sea libre, para que sea su verdadero yo debe liberarse del entorno cultural que lo reprime.[14] Hay que acabar con la cultura tradicional, sustituirla por una nueva estructura

---

12. Sandlin, "¿Qué es el marxismo cultural?"
13. Ibídem.
14. Ibídem.

social en la que uno pueda ser libre de ser homosexual, transgénero, trans-edad,[15] un aislacionista, o lo que quiera ser y pueda serlo.[16]

Pero, ¿cómo se manifiesta esto? De la misma manera que el marxismo económico. La población humana se divide en clases o grupos sociales y luego se enfrenta en un conflicto. Unos son la *burguesía* (los opresores), otros son el *proletariado* (los oprimidos). Por ejemplo, los varones son los opresores, los hombres los oprimidos; los caucásicos los opresores y los hispanos, los negros, los asiáticos (o cualquier otra etnia) los oprimidos; los cristianos los opresores, los no cristianos los oprimidos. Sin embargo, por "opresión" no se entiende el abuso, la esclavitud o la agresión ya que éstas son formas *legítimas* de opresión, sino "la falta de respeto, la desaprobación o la desigualdad social".[17] La igualdad es el objetivo final de las clases sociales, y esto no significa la igualdad de condiciones, es decir, "todo el mundo debe jugar con las mismas reglas",

---

15. Kate Ng, "El padre transgénero Stefonknee Wolschtt deja a su familia en Toronto para empezar una nueva vida como una niña de seis años". para *Independent*. Consultado el 02 de agosto de 2018. https://www.independent.co.uk/news/world/americas/stefonknee-wolschtt-transgender-father-leaves-family-in-toronto-to-start-new-life-as-a-six-year-old-a6769051.html/.

16. Siofra Brennan, "Una mujer noruega dice que es un gato atrapado en un cuerpo humano", *Daily Mail*. Consultado el 02 de agosto de 2018. http://www.dailymail.co.uk/femail/article-3419631/Woman-says-s-CAT-trapped-human-body.html/.

17. Sandlin, "¿Qué es el marxismo cultural?"

sino la igualdad de resultados: las reglas deben doblarse para que todo el mundo pueda obtener los mismos resultados y de este modo, todos puedan ser libres de ser su verdadero yo.[18] Esto ha dado lugar a la acción afirmativa o discriminación inversa, resultado de que los marxistas culturales se hayan infiltrado en las élites políticas para conseguir que el Estado se implique en la administración de la liberación coercitiva.

Lo que estamos presenciando en la legislatura canadiense, por ejemplo, con los códigos de expresión obligatorios por el Estado (proyecto de ley C-16) relacionados con el pronombre preferido de una persona,[19] es algo sacado de las páginas de Orwell, *1984*.

El marxismo económico es malo porque es antitético a las Escrituras, promueve el odio y la envidia entre las clases económicas al tiempo que eleva al Estado como el dios de la liberación. El marxismo cultural es peor porque promueve el odio y la envidia entre una cantidad casi infinita de clases, donde cada hombre es su propio dios y estos dioses se enfrentan entre sí, dando como resultado el deterioro gradual de la cultura y la sociedad. Y eso, es precisamente lo que estamos presenciando en Occidente, donde, por ejemplo, las feministas están ahora

---

18. Ibídem.
19. Véase Steven Martins, "Bill C-16, Bill 89 and the Illusion of Reality", *Instituto Ezra para el Cristianismo Contemporáneo*. Consultado el 02 de agosto de 2018. https://www.ezrainstitute.ca/resource-library/blog-entries/bill-c-16-bill-89-and-the-illusion-of-reality/.

en desacuerdo con el movimiento de identidad de género porque el transgenerismo socava el feminismo. ¿Cuál de los dos grupos oprimidos lo está más? Un hombre canadiense se ha autoidentificado como mujer para recibir un seguro de coche más barato.

¿Qué impedirá que otros hagan lo mismo? Los estudiantes pueden ahora obligar a sus profesores a referirse a ellos según sus pronombres preferidos, donde en lugar de él o ella, puede ser zer, zir, ra, me, o lo que quieran. ¿Cómo sabemos quién o qué es una persona? Y estos no son más que tres ejemplos entre otros innumerables que reflejan la grave crisis existencial de Occidente. Estamos al borde de una implosión cultural.

Permítanme ser claro, no hay absolutamente nada en la ideología marxista, ya sea aplicada económicamente o culturalmente, eso es compatible con la visión cristiana del mundo.

El marxismo cultural fomenta la rebelión contra el orden creado por Dios, hace la guerra contra la ley de Dios y a través del Estado, trata de redefinir la creación de Dios de acuerdo con el pensamiento caído y depravado del hombre y de imponerlo coercitivamente a todos los hombres. No hay nada admirable, nada sagrado, nada bueno en el marxismo. De hecho, Marx era un enemigo de Dios, odiaba a la iglesia cristiana y su objetivo final era destruir la familia de Dios mediante la destrucción de la institución del pacto de la familia.[20]

---

20. Karl Marx y Friedrich Engels, *Gesamtausgabe (MEGA)* (Berlín: Akademie Verlag, 1976), vol. 3, 6.

Su ideología siembra la discordia, el conflicto y la destrucción. Desmantela la estructura de la creación de Dios por el caos, y adora direccionalmente a la criatura en lugar del Creador. La iglesia debe reconocer que el marxismo cultural es una fuerza creciente que se opone al evangelio, como bien dijo John MacArthur, el firmante fundador de la Declaración sobre la Justicia Social y el Evangelio: A lo largo de los años, he librado varias batallas polémicas contra ideas que amenazan el evangelio. Este reciente (y sorprendentemente repentino) desvío en busca de la "justicia social" es, en mi opinión, la amenaza más sutil y peligrosa hasta ahora.[21]

A la luz de este hecho, los cristianos deben, ahora más que nunca, arraigarse en la palabra de Dios, y llevar todo pensamiento cautivo al señorío de Cristo. Lo que necesitamos es una *visión del mundo claramente cristiana* que abarque todos los aspectos de la realidad creada, y comienza primero con la presuposición del Dios Creador de la Escritura, y la creación del hombre, sujeto a Dios, en la *imago Dei*.

---

21. John MacArthur, "La injusticia social y el Evangelio", *Grace to You*. Consultado el 18 de agosto de 2018, https://www.gty.org/library/blog/B180813/social-injustice-and-the-gospel/.

SOBRE EL AUTOR

Steven R. Martins es el director y fundador del Instituto Cántaro y pastor fundador de Sevilla Chapel en St. Catharines, Ontario, Canadá. Canadiense de segunda generación, Steven es de padres iberoamericanos y ha trabajado en los campos de la apologética misionera y el liderazgo eclesiástico durante varios años. Ha hablado en numerosas conferencias, iglesias y eventos estudiantiles universitarios desde la Universidad de York, Toronto hasta la Universidad de las Indias Occidentales en Puerto España, Trinidad, y las universidades nacionales de Costa Rica (UNCR y UNC), y la Universidad Evangélica de El Salvador. También, ha colaborado con artículos en Coalición por el Evangelio (TGC en español) y en la revista *Siglo XXI* de la Editorial CLIR.

Steven tiene un máster *summa cum laude* en Estudios Teológicos con especialización en apologética cristiana por la Universidad Internacional Veritas (Santa Ana, CA., EE.UU.) y una licenciatura en Gestión de Recursos Humanos por la Universidad de York (Toronto, ON., Canadá). Steven ha formado parte de la junta ejecutiva de Answers in Genesis Canada, y ha trabajado en el pasado en el Ezra Institute for Contemporary Christianity (EICC) como apologista, escritor y director de desarrollo y promoción del ministerio (DMDA) durante cuatro años. También ha servido como pastor en la iglesia Harbour Fellowship de St. Catharines. Steven está casado con Cindy y vive en Niágara con sus tres hijos.

Nuestra meta es equipar a cada creyente con literatura de un *sólido* contenido bíblico que le permita profundizar en la Palabra de Dios y crecer en la madurez cristiana.

Síguenos en redes sociales
como **@montealtoes**

Puedes *adquirir* nuestros libros en:
www.montealtoeditorial.com

www.ingramcontent.com/pod-product-compliance
Lightning Source LLC
LaVergne TN
LVHW090039080526
838202LV00046B/3886